DSCHUNGELBUCH

NOTIZBUCH

AF139232

Bibliografische Information der Deutschen Nationalbibliothek:
Die Deutsche Nationalbibliothek verzeichnet diese Publikation in der Deutschen Nationalbibliografie; detaillierte bibliografische Daten sind im Internet über http://dnb.dnb.de abrufbar.

© 2016 Alexander Rettburg; 1. Auflage

Covergrafik, Texte und Illustrationen: © **Alexander Rettburg**

Herstellung und Verlag: BoD – Books on Demand, Norderstedt

ISBN: 9783739233062

Weitere Notizbücher von Alexander Rettburg:

Titel	ISBN
Alles Liebe zum Muttertag!	9783839111772
Beste Freunde (Pferde)	9783739233055
Dschungelbuch (mit Mowgli und Baloo)	9783739233062
Die Geburt Jesu	9783739234113
Im Feenland	9783839161968
Katzenliebe	9783839167434
Pferdeliebe	9783839171738
Steuermann	9783839190586
Frohes neues Jahr!	9783839190890
Reichswehrsoldat mit Taube	9783837078695
Reichswehr Funker	9783837078596
Reichswehrsoldat mit Hund	9783837078657
Reichswehr Vereidigung	9783837078817
Reichswehr Flussübergang	9783837078633